Bernd Mayer

BAYREUTH April 1945

„Die hau'n jetzt unser Städtla z'samm"

Über Kriegs-Festspiele, Luftangriffe
und den Alltag in Ruinen

Wartberg Verlag

Über Bayreuth sind im Wartberg Verlag erschienen:

1. Bayreuth – Bewegte Zeiten – Die 50er Jahre
2. Bayreuth – Ereignisreiche Zeiten – Die 60er Jahre
3. Bayreuth – Ein Bildband in Farbe
4. Geheimnisvolles Bayreuth
5. Bayreuth – Kriegs-Festspiele, Luftangriffe, und der Alltag in Ruinen – April 1945

Impressum

Fotonachweis:
Die Fotos stammen, soweit sie nicht besonders gekennzeichnet sind, aus dem Archiv Bernd Mayer.
Weitere Aufnahmen: Historisches Museum der Stadt Bayreuth, S. 13 o., S. 16 u., S. 35 o. /u. li., S. 53 u.; Hans Lauterbach, S. 43 u., S. 48 u., Leo Schneiderhal, S. 54 o. li.

Titelbild: *Ecke Opernstraße/Wölfelstraße im Jahr 1947.*

1. Auflage 2004

Layout: designhärtel, Gudensberg
Druck: Thiele & Schwarz, Kassel
Buchbinder: Büge, Celle

34281 Gudensberg-Gleichen, Im Wiesental 1
Telefon: (05603) 93050
www.wartberg-verlag.de
ISBN: 3-8313-1463-2

Sechzig Jahre nach Kriegsende sind im Stadtgebiet scheinbar alle Spuren der düsteren Bombentage vom April 1945 beseitigt. Ein aufmerksamer Beobachter entdeckt indes immer wieder einige Relikte, etwa im Garten der Brauerei Maisel, wo oberirdisch ein völlig erhaltener Beobachtungsbunker aus Beton die Zeiten überdauert hat. 1945 saß hier ein Beobachtungsposten mit tragbarem Telefon, der durch die Sehschlitze nach feindlichen Bombern Ausschau halten sollte. In der Bahnhofstraße und in der Kanalstraße sind zwei kriegsbedingte „Zahnlücken" erhalten geblieben, die dem Wiederaufbau erfolgreich getrotzt haben. Und im Stadtteil St. Johannis findet der kundige Bayreuther auch noch jenes Kellerloch, in dem der letzte Kampfkommandant der „Gauhauptstadt" wie ein Maulwurf die letzten Kriegstage erlebte – stur wie ein Panzer.

Wie keine andere Phase der Stadtgeschichte (ausgenommen vielleicht der Hussitensturm von 1430) hat die schreckliche Endzeit des Dritten Reiches Bayreuth radikal verändert. Aus den „Kriegsbabies" von damals sind sechzig Jahre später bereits Rentner geworden. Und doch lässt uns das Jahr 1945 trotz der zeitlichen Distanz nicht kalt wie andere, zeitlich weit entfernte Stadtkatastrophen, so schlimm sie auch gewesen sein mögen. Die Kriegs- und Nachkriegszeit geht uns vor allem deshalb unter die Haut, weil fast jede Familie existenziell davon betroffen war. Jüngere Mitbürger blicken indes mit ungläubigem Staunen auf die Bilder von der Ruinenstadt, deren chaotisches Aussehen ihnen möglicherweise noch fremder und unwirklicher erscheint als eine Stadtansicht früherer Jahrhunderte.

Viel ist über das Kriegsgeschehen publiziert worden, und doch sind längst nicht alle Rätsel gelöst und alle Heldenlegenden zerstört. Erst im Jahr 2003 meldete sich jener GI zu Wort, der am 14. April 1945

als vorderster MG-Schütze der US-Kampftruppe in die Stadt einfuhr. Aber Zeitzeugen sind rar geworden. Einer von ihnen ist der 85-jährige Wolfgang Wagner, der als „Stadtwächter" einen Tag vor Kriegsende Polizisten und anderen Wächtern beibrachte, wie man „am vorteilhaftesten" kapituliert. Der Wagnerenkel mit seiner fränkisch-kauzigen Art lieferte uns übrigens auch den Buchtitel „Die hau'n jetzt unser Städtla z'samm."

Gauhauptstadt Bayreuth im Zweiten Weltkrieg: Das Regime zieht die Daumenschrauben an

Krieg macht schlank – eine Erfahrung seit altersher. Als Ende August 1939 eine neue städtische Behörde, das Ernährungsamt, geschaffen wird, ahnen die meisten Bürger nichts Gutes. Die Lebensmittelkarte ist eine verlässliche Vorbotin kommenden Unheils. Und dieses nimmt denn auch prompt seinen Lauf...

▶ *Auch hoch zu Ross ist man vor der allgegenwärtigen Sammelbüchse nicht sicher, wie dieser berittene Polizist beim „Tag der Polizei" erfahren muss. Die Polizei war im Dritten Reich nicht nur an die Einhaltung der Gesetze gebunden, sondern auch an die Erfüllung des „Führerwillens". Unser Bild zeigt im Hintergrund den Marktplatz mit einem der stahlblauen Busse des Stadtverkehrs, der im Krieg immer stärker eingeschränkt wird.*

Der Luitpoldplatz mit dem Neuen Rathaus (Reitzenstein-Palais) 1940. Er trägt den Namen des verunglückten Gauleiters Hans Schemm.

Bereits sechs Tage vor Kriegsbeginn am 1. September 1939 müssen Soldaten des Bayreuther 42er-Regiments „feldmarschmäßig" antreten und sich zum Ausrücken bereitmachen. Zunächst glauben viele noch an eine Übung, doch tatsächlich sind die Würfel für den Krieg längst gefallen. Bayreuths NS-Zeitung „Bayerische Ostmark" betreibt am 26. August mit der hetzerischen Schlagzeile: „Polens Wahnsinn findet kein Ende" journalistische Mobilmachung. Hier ziehen Soldaten vom Luitpoldplatz über die Ludwigsbrücke zum Bahnhof – ein Bild, das die Bayreuther Bürger schon 25 Jahre vorher im Ersten Weltkrieg bis zum Überdruss genossen haben. Ganz links auf dem Bild das Elektro-Geschäft des Ingenieurs Hans Bechert, das in den Apriltagen des Jahres 1945 völlig zerstört wird.

Diesmal jubelt keiner

Die geschichtliche Bedeutung des 1. September 1939 sei „allen Bayreuthern klar bewusst gewesen", behauptet schon tags darauf das NS-Lokalblatt „Bayerische Ostmark". Anders als im August 1914 ist an diesem Schicksalstag keinem zum Jubeln zumute.
Um dennoch Zuversicht zu verbreiten, wird im Lokalteil eine rührselige Szene bei der Übertragung der Führerrede geschildert: „Mitten auf dem Platz stand ein altes Mütterchen. Das wischte sich mit dem Handrücken über das feuchte Auge und meinte dann, mehr zu sich als zu den Umstehenden: ‚Ja, er will nur unser Bestes, der Führer!', nahm den Tragkorb wieder vom Boden auf und ging hinweg."

Kriegsvorbereitungen

Schon in den ersten Septembertagen werden die Bürger mit einer propagandistischen Langzeitstrategie von Kopf bis Fuß auf Krieg eingestellt. Dabei wird zuweilen Düsteres auf groteske Weise verniedlicht – als wäre die „Volksgasmaske" ein liebes Kleidungsstück und der Luftschutzkeller eine idyllische Gartenlaube. Unter der Überschrift „Behaglichkeit im Luftschutzkeller" erfahren die Bayreuther beispielsweise am 4. September, dass auch „ernste Zwecke" gemütliche Ecken vertragen können.

Wagnerenkel schwer verwundet

Die Siegesfanfaren auf den Schlachtfeldern übertönen zunächst die Trauer und die Verzweiflung in vielen Familien. „Kein Opfer ist zu groß", hämmert die Propaganda den „Volksgenossen" ein. Den 26-jährigen Schützen Martin Nützel aus Heinersreuth, einen „lieben Gatten und treu sorgenden Vater", erwischt es gleich am ersten Tag tödlich.
Unter den Schwerverwundeten des Polenfeldzuges ist auch der 20-jährige Wagner-Enkel Wolfgang, der im Gegensatz zu Bruder Wieland nicht vom Militärdienst befreit ist. „Mein Überleben verdanke ich nur der mangelhaften Bewaffnung unserer Gegner", berichtet er in seiner „Lebensakte". In der Berliner Charité rettet ihm der berühmte Chirurg Ferdinand Sauerbruch den linken Arm.

Parteikundgebung in der Ludwig-Siebert-Festhalle (heute Stadthalle). Die Propagandaparole lautet: „Vor uns der Führer – über uns die Fahne!“ Unten sitzen andächtig die Soldaten, während oben auf der Tribüne die Hitler-Jugend als Saalfüller Platz genommen hat. Ganz rechts das Gauorchester.

Wehrmacht exerziert im Stechschritt auf dem Kasernengelände zwischen „Kasernenstraße“ (heute Rathenaustraße) und Röhrensee.

▲ *Die „Volksküche" in der Münzgasse bietet als „Speisenhaus der Stadt" sechsmal wöchentlich ein Mittagessen zum Preis von 25 Pfennig.*

▶ *Wie man mit Entsetzen Scherz treibt: Der Bayreuther Mundartdichter Gustav Kröniger gibt mit dem „Gwaaf" unter der „Volksgasmaske" eine makabre Kostprobe braunen Humors.*

▼ *Wehrerziehung ist jetzt alles. Auf dem Marktplatz soll mit dem „Jungvolk" der Partei der Umgang mit dem Gewehr eingeübt werden.*

„Iß deß nädd woß wunderboors, soa Volksgaasmaskn?" – „Worrum?" –
„No friher mußtmer middn Waafn aufheern, wänn a Mistwong kumma iß!
Heindzudooch schdeert an deß goor nimmer . . .!"

Der viel umjubelte Einzug des Bayreuther Hausregiments, der 42er, nach dem deutschen „Blitzkrieg" gegen Frankreich im Juni 1940. Vor dem Alten Rathaus am Marktplatz werden die Soldaten auch von Bayreuths Gauleiter Fritz Wächtler (ganz links) erwartet.

Der NS-Tempel des Hauses der Deutschen Erziehung dient parteigläubigen Nazis als Kirchenersatz. Im Inneren wird vor dem Denkmal der deutschen Mutter die Kriegsweihnacht gefeiert, mit dem Hakenkreuz als „Sinnbild des sieghaften Lichts". Die linientreuen Volksgenossen besingen weihevoll die „hohe Nacht der klaren Sterne".

Die nationalsozialistische Parteijugend auf dem Bayreuther Marktplatz, flankiert von einer Allee von Hakenkreuzfahnen. Das „Deutsche Jungvolk" (DJ) im Alter von zehn bis vierzehn Jahren ist in der Winteruniform mit „Überfallhosen" angetreten. Auf der linken Marktseite die weibliche Parteijugend, die in Jungmädel und BdM (Bund deutscher Mädchen) unterteilt ist. Alljährlich am letzten März-Sonntag werden in einer Feierstunde die „Pimpfen" des Jungvolks sowie die gleichaltrigen Jungmädel in die eigentliche Hitler-Jugend (HJ) bzw. in den BdM aufgenommen.

▶ *Fast alle Großplanungen der NSDAP für ihre „Gauhauptstadt" bleiben kriegsbedingt Luftschlösser. Nur das Flussbad in der Hammerstatt wird noch als Teil des projektierten Gausportfeldes im Krieg fertig gestellt. Hier paradiert die Marine-HJ bei der Einweihung am 7. Juli 1940.*

Am 9. November, dem höchsten Feiertag der NSDAP, ehren Bayreuths Parteigenossen auch im Kriegsjahr 1940 in der Sieberthalle (Stadthalle) die sechzehn „Blutzeugen“ vom Hitler-Putsch 1923. Der braune Märtyrer-Status wird auch einem Bayreuther, Theodor von der Pfordten, zuteil.

Mit Sack und Pack sowie einem Hakenkreuzfähnlein in der Hand kommen im Oktober 1940 Volksdeutsche aus Bessarabien (Ukraine) auf dem Bahnhof an.

Der Luftangriff einer einzigen Maschine richtet am 14. Januar 1941 schwere Schäden an, wie hier im Rohstofflager der Bayerlein-Spinnerei.

Mangel bestimmt das Leben

Die Last des Krieges bekommen nicht nur die Soldaten an der Front zu spüren. In Bayreuth drückt schon in den ersten Wochen ein empfindlicher Mangel an Fleisch- und Wurstwaren auf die allgemeine Stimmung der „Volksgenossen“. Am 16. Oktober 1939 trifft der erste Sonderzug mit 300 Verwundeten ein, für die im Stenografenhaus ein provisorisches Lazarett geschaffen wird.

Bereits im ersten Kriegswinter werden die Kohlevorräte so knapp, dass die Schulen wochenlang geschlossen bleiben. Die Weihehalle des „Hauses der deutschen Erziehung“ am Luitpoldplatz wird zum Ausweichquartier für einen provisorischen Unterricht für Volks- und Mittelschulen umfunktioniert.

Verhaftungen aus nichtigsten Anlässen

Verhaftungen werden jetzt oft aus den nichtigsten Anlässen vorgenommen. Jede Nörgelei, jeder unbedachte Ausspruch, auch im Alkoholrausch, kann die Bürger ins Gefängnis bringen. „Das NS-System hat überall seine Augen und Ohren, die Ausschaltung der individuellen Meinungen oder Äußerungen funktionieren perfekt“, so Stadthistorikerin Dr. Sylvia Habermann in einer Zeitanalyse. Dabei werden die Daumenschrauben von Jahr zu Jahr mehr angezogen. Ging der Ausruf eines Bayreuthers „Heil Moskau“ im Jahr 1934 noch mit einer Verwarnung ab, so führt er 1942 schon zur sofortigen Verhaftung.

Juden und Fremdarbeiter

2700 Fremdarbeiter schuften in den Jahren 1941 bis 1945 in der NS-Gauhauptstadt. Vor allem Osteuropäer sind – gemäß der NS-Ideologie vom „slawischen Untermenschen“ – deutlich benachteiligt. Bayreuths Juden werden im Januar 1941 zum Schneeräumen gezwungen, bevor die Deportationen in die Vernichtungslager beginnen. Die zweite Deportation von einheimischen Juden am 12. Januar 1942 führt über Bamberg nach Theresienstadt und Auschwitz. Von den elf Betroffenen wird niemand überleben.

Mysteriöser Fliegerangriff

In das Jahr 1941 fällt ein mysteriöser Fliegerangriff, dessen Hintergründe wohl nie ganz geklärt werden dürften. In den frühen Morgenstunden des 11. Januar bewegt sich ein einzelnes Flugzeug aus Richtung Kulmbach auf das Stadtgebiet zu. Nach einigen Schleifen wirft es über der Spinnerei Bayerlin in der Casselmannstraße die erste Bombe ab, die das Rohstofflager trifft. In niedrigster Höhe geht es dann weiter zur nahe gelegenen Neuen Spinnerei, wo eine zweite Bombe abgeworfen wird. Bombe Nummer drei trifft kurze Zeit später das Rohstofflager der „Mechanischen“, unweit der Bahnhofsgleise. Gegen vier Uhr fliegt die Maschine in Richtung Kulmbach davon. Nach diesem gezielten Angriff stellen sich vor allem Textiler die Frage: Wer hatte Interesse an der Vernichtung der Bayreuther Baumwolllager in den Spinnereien und wer wusste über ihre Situierung so genau Bescheid?

Der Winter 1942 ist nicht nur für die Soldaten an der Ostfront eine harte Prüfung. Auch an der so genannten Heimatfront weht ein eisiger Wind. Wegen der Schneemassen werden in Bayreuth mehrere Straßen gesperrt. Vom Luitpoldplatz führt im Februar ein hölzerner Notsteg über das Mainbett zur Bahnhofstraße (auf unserem Bild im Hintergrund die 1945 zerstörte Mainkaserne). Bayreuths Gauleiter Fritz Wächtler fordert in diesem Winter Opfer von den Bürgern: „Volksgenosse! Du hast doch zum Beispiel auch deinen Gehpelz und deinen Pelzkragen schon abgegeben? Oder willst du diesen weitertragen, während ein deutscher Kämpfer im eisigen Osten friert?“

Das Klappern der Sammelbüchsen gehört zur vertrauten Geräuschkulisse. Hier wird auf der Ludwigsbrücke für das Winterhilfswerk 1942 gesammelt. Im Hintergrund die Bahnhofstraße.

Es wird eng im Städtchen. Nur mit Behelfsheimen lässt sich die Wohnungsnot mildern. Hier entsteht eine Barackensiedlung in der Hammerstatt. „Klein, aber mein“, lautet die Propagandaparole.

Schneeschippen mit der Gasmaske in der Schulstraße – ein nicht gerade alltäglicher Anblick für die Passanten.

Not macht erfinderisch: Ab März 1943 verkehren die Stadtbusse mit zwei Stockwerken wie hier am Luitpoldplatz. Der fensterlose erste Stock ist mit Stadtgas gefüllt, das für eine Strecke von etwa zwanzig Kilometer reicht.Ganz links das Reitzenstein-Palais (Neues Rathaus).

Bayreuths Stadtoberhaupt Dr. Fritz Kempfler (Mitte) in Uniform. Am linken Arm trägt er das Zeichen SD (Sicherheitsdienst des Reichsführers-SS) sowie eine Armbinde, die ihn als Afrika-Kämpfer ausweist. Rechts SS in schwarzer Uniform.

Der verhasste Gauleiter...

Am 15. Juni 1942 wird der „Gau Bayerische Ostmark", der die drei bayerischen Regierungsbezirke Oberfranken, Oberpfalz und Niederbayern umfasst, auf Befehl Hitlers in „Gau Bayreuth" umbenannt. Gauleiter ist seit Ende 1935 der ehemalige Lehrer Fritz Wächtler, Bayreuths meist gehasster Nazi. Der Choleriker, dessen Alkoholexzesse auch in höheren NS-Kreisen berüchtigt sind, scheint alle bösartigen Züge des Regimes in seiner Person zu vereinigen. Er ist gleichsam die Idealbesetzung der Schurkenrolle. Überdies spricht er thüringischen Dialekt und ist wohlbeleibt, was den darbenden Volksgenossen besonders anstößig und verdächtig vorkommt.

Dem bloßen Augenschein zum Trotz lebt jedoch die „fette Sau" (so Wächtler im Volksmund) mit seiner Familie bescheiden in seiner braunen Residenz am Festspielpark, wie später die Beweisaufnahme im Spruchkammerverfahren von 1949 bestätigen wird. Für die Bayreuther hat Wächtlers Existenz auch etwas Gutes: Nach Kriegsende werden sich fast alle als Widerstandskämpfer im Dritten Reich fühlen und im Kollektiv fleißig Schuld abladen auf den toten Gauleiter, den Winifred Wagner genauso wenig mochte wie Hitler.

Wächtlers dümmliche Durchhalte-Rhetorik erweckt in der letzten Kriegsphase tatsächlich den Eindruck, dass es sich bei ihm um einen besonders abgefeimten Endsieg-Fanatiker handelt. Noch an Ostern 1945 fordert er „den letzten Tropfen Blut" für den Führer ein, und vor der Ludwig-Siebert-Festhalle (der späteren Stadthalle) gelingt ihm sogar der dümmste Appell: *„Wenn keine Waffen mehr da sind, müssen wir uns eben bis zum letzten Stein verteidigen."* Worauf nach der Schilderung seines Adjutanten Hans Bechert der stadtbekannte Kaufhausbesitzer Hans Loher kopfschüttelnd bemerkt: *„Jetzt spinnt er völlig – jetzt soll ma a nuch mit Staa schmeißen."* Der schwer krebskranke Gauleiter erledigt solche Pflichtübungen in panischer Angst vor Martin Bormann. Gerade in der Endphase erweist er sich jedoch als Realist.

... und das beliebte Stadtoberhaupt

Aus ganz anderem Holz geschnitzt ist das Stadtoberhaupt Dr. Fritz Kempfler, der bei der einflussreichsten Persönlichkeit der Stadt, Festspielchefin Winifred Wagner, ebenso beliebt ist wie bei der Bevölkerung. Auch er ist, wie Wächtler, Realist. Wenige Wochen vor Kriegsende betreibt er im Hollfelder Pfarrhaus mit dem Nürnberger SS-General Dr. Benno Martin Geheimdiplomatie, um das drohende Unheil von der Stadt doch noch abzuwenden. Ein gangbarer Weg wird dabei nicht gefunden. Nach Lage der Dinge ist Kempfler in dieser Siuation genauso ohnmächtig wie Wächtler und auch Hitler-Freundin Winifred. In dieser allerletzten Phase wird ein Militär, General August Hagl, als Kampfkommandant zur Schlüsselfigur: Er leistet – Befehl ist Befehl – auch dann noch Widerstand, als die US-Army bereits in der Stadt ist. Belegt ist ein erbitterter Meinungsstreit mit Wächtler am 11. April 1945.

Im August 1943 ziehen Bayreuther Kinder, unter ihnen auch einige „Pimpfe" (Jungvolk), vom Roten Hügel über den Marktplatz (unser Bild) Richtung Königsallee. Ziel ist die zum Lazarett umfunktionierte Übungsschule, wo verwundete Soldaten erfreut werden sollen.

Bayreuther Marine-HJ (Hitler-Jugend) wirbt 1943 auf dem Marktplatz für eine Großkundgebung in der Ludwig-Siebert-Halle.

Am 8. Oktober 1944 kommt Reichsjugendführer Arthur Axmann zum „Tag der Wehrertüchtigung" nach Bayreuth. Vor dem Neuen Rathaus am Luitpoldplatz wird er von der heimischen Hitler-Jugend mit einem Fahnenaufmarsch begrüßt.

Die Gasmaske soll nach dem Wunsch des NS-Regimes wie selbstverständlich den Kriegsalltag der Volksgenossen begleiten. Am 10. Januar 1943 wird wieder einmal eine Luftschutzübung auf dem Marktplatz mit der Feuerwehr abgehalten (unser Bild). Auch in Bayreuth steht eine Vielzahl von ehrenamtlichen Luftschutzwarten zur Verfügung. Sie leiten die so genannten Luftschutzgemeinschaften in den Häusern und Wohnblocks fachmännisch an. Bei den Bombenangriffen im April 1945 werden nicht wenige Luftschutzhelfer Opfer ihres Dienstes.

Mitten auf dem Marktplatz legen 1944 russische Gefangene einen Feuerlöschteich an. Er wird in der Nachkriegszeit der Familie Wunsch als Standort für eine Fahrradaufbewahrung dienen, bevor er Ende der vierziger Jahre beseitigt wird.

Nationalsozialistische Großkundgebung 1944 auf dem Luitpoldplatz. Links das Haus der Deutschen Erziehung.

KZ-Außenlager

Ein knappes Jahr vor Kriegsende sorgt Winifred Wagners Schwiegersohn Bodo Lafferentz noch dafür, dass Bayreuth Standort eines KZ-Außenlagers wird. Auf dem Gelände der Neuen Baumwoll-Spinnerei bastelt ein elitäres Häuflein hoch spezialisierter Gefangener in der „physikalischen Forschungsanstalt", wie das Außenlager offiziell heißt, an der „sehenden Bombe".

Es gehört zu den Merkwürdigkeiten der Bayreuther NS-Vergangenheit, dass erst viereinhalb Jahrzehnte später, im Jahr 1989, in der Heimatbeilage der Tageszeitung erstmals von diesem Lager Notiz genommen wird, durch die auszugsweise Veröffentlichung einer Schülerarbeit.

Sechswöchige Galgenfrist

Lange Zeit sah es so aus, als würde Bayreuth im Krieg mit einem blauen Auge davon kommen. Zwar ist die Stadt bereits im Februar 1945 im Visier der alliierten Vernichtungsstrategien: Am 23. Februar ist ein Kampfverband der US-Luftflotte mit zwei Bombergruppen unterwegs – Ziel ist zunächst der Bayreuther Bahnhof. Aber die Wetterverhältnisse sind für eine zielgenaue Bombardierung ungünstig. Der bedeckte Himmel zur Mittagszeit rettet fürs Erste die Stadt und sorgt für eine knapp sechswöchige Galgenfrist. Dafür bekommt Würzburg, wo an diesem Wintertag die Sonne scheint, die Last von 33 Bombern des Typs B-17G („Fliegende Festungen") im Bahnhofsviertel ab.

Die „Rucksack-Bayreuther"

In den Februartagen des Jahres 1945 treffen wiederholt armselige Güterzüge mit Viehwaggons im Bayreuther Güterbahnhof ein, beladen mit Schwerverwundeten von der Ostfront, aber auch mit Vertriebenen. „Von den Einheimischen wurden wir Rucksack-Bayreuther genannt", erinnert sich die Briegerin Sigrid Nitschke, die in Begleitung ihrer Mutter hier ankam. Wie viele andere steht sie kurz vor Kriegsende vor dem Nichts. „Enger zusammenrücken: Neue Richtlinien für Beschlagnahmungen von Wohnungen", lesen die Bayreuther im schwindsüchtig gewordenen Lokalblättchen. Mit Gemeinschaftsverpflegungsstellen versucht die Stadtverwaltung die Not zu lindern.

Neunzig Prozent Kriegsfreiwillige

Erstaunlich ist die ungebrochene Kampfbereitschaft der jungen Leute. Anfang März melden sich im NS-Kreis Bayreuth-Eschenbach laut NS-Blatt neunzig Prozent des Jahrgangs 1929 als Kriegsfreiwillige. Von Kindesbeinen an wurde ihnen eingehämmert: „Du bist nichts, dein Volk ist alles." Der damals 17-jährige Bernhard Merk – im Frühjahr 1945 im „Kessel Berlin" eingesetzt – schreibt nach Kriegsende in sein Tagebuch: „Der Traum nahm ein ruhmloses Ende. Wir folgten blind – wir konnten nicht anders." Und sein einstiger Klassenkamerad in der Oberrealschule, Arno Fug, sagt sechzig Jahre später: „Wir waren der Meinung, wir müssten für das Vaterland alles geben ..."

Die Kriegsfestspiele 1940 bis 1944: KdF als Herrin des Grünen Hügels

Ausgerechnet das barbarische NS-Regime fühlte sich zum Träger höchster deutscher Kultur berufen. Und als „erhabenste Feierstätte deutscher Kunst" wurde vom Herrn des Dritten Reiches seit jeher Bayreuth geschätzt. So gesehen, war es nur konsequent, dass die Festspiele im Zweiten Weltkrieg eine besondere Mission erfüllen sollten. Als „Gäste des Führers" werden ab 1940 Frontsoldaten und Verwundete, aber auch Krankenschwestern und Arbeiterinnen von Rüstungsbetrieben „spesenfrei" nach Bayreuth geschafft, um hier gleichsam an geweihtem Ort „Kraft durch Freude" zu tanken. Reichsorganisationsleiter Robert Ley jubelt: „Adolf Hitler, unser Führer und Feldherr, hat die Tore zu Bayreuth dem deutschen Volk geöffnet und damit das Vermächtnis Richard Wagners erfüllt."

▶ *Die letzte Begegnung ihres Lebens: „Winnie" und „Wolf" am 23. Juli 1940 bei Hitlers letztem Opernbesuch.*

Die ersten Kriegsfestspiele 1940: Der künstlerische Leiter Heinz Tietjen (ganz rechts) begrüßt die im Zuschauerraum versammelten Festspiel-Mitwirkenden. Vor ihm Winifred Wagner, seine Partnerin im Leitungstandem und Geliebte. „Duckymäuschen" wird der ausgebuffte Theatermann von der Wagner-Schwiegertochter und Hitler-Freundin zärtlich genannt.

▲ *Nach dem Frankreich-Feldzug kommt Hitler am 23. Juli 1940 zu den „Festspielen des Sieges" in die Wagnerstadt. Am Festspielportal begrüßt ihn eine strahlende Winifred Wagner, die zeitlebens aus ihrer Verehrung für Busenfreund „Wolf" keinen Hehl machte. Die „Götterdämmerung", die sich Hitler an diesem Julitag zu Gemüte führt, ist parabelhaft für sein weiteres Schicksal.*

◀ *Winifred Wagner verabschiedet am Bahnhof die „Gäste des Führers".*

Frenetisch jubelnde Zaungäste, von riesigen SS-Mannen flankiert, bei Hitlers letztem Festspielbesuch im Juli 1940.

▲ *„Lieber Führer, sei so nett, zeige dich am Fensterbrett", skandiert die Menge, bis Hitler ihren Wunsch erfüllt.*

Hitlers letzter Festspielbesuch – hier auf dem Balkon des Festspielhauses mit Dr. Robert Ley (KdF-Festspiele).

▶ *Für Joseph Goebbels, der 1941 in Bayreuth eintrifft (hier mit Bürgermeister Karl Gortner), sind die Festspiele „Balsam für die Seele".*

Ein Rundfunkreporter interviewt die „Gäste des Führers". Rechts Winifred Wagner mit Schwiegersohn Bodo Lafferentz.

Kolonnenweise kommen die „Gäste des Führers" in die Festspielstadt, wo sie ein Transparent in der Bahnhofstraße begrüßt.

Festspiele per Führerbefehl

Tatsächlich waren die Kriegsfestspiele nicht die Idee von Winifred Wagner gewesen. Die Festspielchefin sträubte sich nach Kriegsausbruch zunächst gegen das von ganz oben verordnete Zwangsfestival. Doch in diesem Fall setzte sich ihr Vertrauter „Wolf" (Hitler) ausnahmsweise über die Bedenken seiner „Winnie" hinweg. Am 7. April 1940 schafft ein „Führerbefehl" die Voraussetzung für den Kunstgenuss zum Nulltarif. Herrin des Hügels ist von nun an die Organisation „Kraft durch Freude" (KdF), Abteilung „Reisen und Wandern". Da trifft es sich gut, dass der KdF-Reichsamtsleiter Bodo Lafferentz schon bald mit zarten Banden an Wahnfried gefesselt ist: 1943 heiratet er Winifreds jüngste Tochter Verena. Alles bleibt somit gewissermaßen in der Familie. Für Lafferentz stellen die Kriegsfestspiele die „Krönung der Truppenbetreuung" dar. Aus der Sicht seiner Ehefrau Verena Wagner-Lafferentz ist Hitlers Entscheidung „einzig aus dem Gedanken heraus entstanden, das Festspielhaus nicht – wie im Ersten Weltkrieg geschehen – durch Stilllegung zu ruinieren." Noch Jahrzehnte später schwärmt sie von „begeisternden" Aufführungen und begeisterten Zuhörern.

Üppige Gagen

Gewiss hapert es nicht am künstlerischen Niveau: Welcher Sänger kann es sich in den Kriegsjahren schon leisten, dem Ruf nach Bayreuth nicht bedingungslos Folge zu leisten? Zumal die Gage durchaus üppig ist: Sie beträgt ab 1941 für die Spitzensolisten 3000 Mark pro Auftritt. So steht denn auch die Elite der Wagnersänger für die „Gäste des Führers" bereit: Max Lorenz und Maria Müller, Jaro Prohaska und Josef Greindl, Rudolf Bockelmann und Franz Völker, um nur einige zu nennen. Auch der Dirigent Wilhelm Furtwängler, der vor dem Krieg am liebsten einen Bogen um den Grünen Hügel machte, kann sich 1943 Hitlers Drängen nicht entziehen. Wer sonst noch als dienstbarer Geist gebraucht wird, ganz gleich ob Bäcker, Metzger oder Koch, bekommt für Bayreuth Extraurlaub. Schließlich müssen 1500 Gäste verpflegt werden.

Die Rheintöchter im Visier

Wie man zu einem so ehrenvollen Ruf kommen konnte, hat der Publizist Paul Wilhelm Wenger anschaulich beschrieben: „Voraussetzung war lediglich, dass man verwundet war und dann für einige Zeit ‚gvh' – also nurmehr ‚garnisonsdienstverwendungsfähig'. Beide Bedingungen hatte ich erfüllt.

Eines Tages fragte der Bataillonskommandeur bei einem Mittagessen im Kasino, wer etwas von Musik verstehe. In der Annahme, der Major wolle einen Kameradschaftsabend musikalisch verzieren, meldete ich mich mit den Worten: ‚Ich traue mir einiges zu, Herr Major!' Daraufhin er: ‚Gut, dann fahren Sie morgen für eine Woche nach Bayreuth und sehen sich dort als ‚Gast des Führers' den ganzen Ring der Nibelungen an.'"

Im „Rheingold" saß Wenger dann in der Mitte der zweiten Reihe – vor sich den früheren Zaren Ferdinand von Bulgarien, der mit seinem großen Feldstecher die Rheintöchter ins Visier nahm.

▲ *Die SS ist auf dem Grünen Hügel bei den Kriegsfestspielen allgegenwärtig. Hier sind die Bläser eines SS-Musikzuges auf dem Balkon des Festspielhauses angetreten, um die Pausenmusik vor Beginn der einzelnen Aufzüge zu intonieren.*

▶ *Reichsorganisationsleiter Dr. Robert Ley und sein hünenhafter KdF-Reichsamtsleiter Bodo Lafferentz (Winifred Wagners künftiger Schwiegersohn) treffen im Juli 1940 zu den „Festspielen des Sieges" auf dem Bayreuther Flugplatz ein. Links von Ley Bayreuths Oberbürgermeister Dr. Fritz Kempfler.*

▶ *Im Stechschritt wird die Wache der Leibstandarte Adolf Hitler vor dem Festspielhaus abgelöst.*

▲ *„Strengste Straßendisziplin ist zu bewahren", heißt es im Merkblatt für die Teilnehmer der Kriegsfestspiele. Wer Hustenreiz verspürt, darf nicht in die Aufführung, die ansonsten als „Dienst" gilt. Hier marschiert eine Soldatenkolonne in die Festspielstadt ein.*

▶ *Rund um das Festspielhaus werden von flämischen Gefangenen im Frühjahr 1940 Schutzgräben angelegt, wie hier für die Besucher von Türe fünf links. Der Schutzraum, ausgestattet mit Holzsitzen sowie einem Sanitäts- und Luftschutzschrank, ist über eine kleine Treppe zu erreichen. Tatsächlich wird keine einzige Aufführung der Kriegsfestspiele wegen Fliegeralarm unterbrochen.*

▲ *Fanfarenklang zum Untergang: Am 9. August 1944 treten die Pausenmusiker der Waffen-SS zum letzten Mal auf dem Balkon des Königsportals in Aktion.*

DIE DEUTSCHE ARBEITSFRONT
NS.-GEMEINSCHAFT „KRAFT DURCH FREUDE"
Gaudienststelle Bayreuth
BAYREUTHER BÜHNENFESTSPIELE
W
DIE MEISTERSINGER VON NÜRNBERG
Mittwoch, den 21. Juli 1943 15 Uhr
Parkett Nr. 123 links Türe II

Festspiele zum Nulltarif – ein „Führerbefehl" macht's möglich.

▶ *Sie sind mit wahrer Begeisterung dabei: Schülerinnen der Mädchen-Oberschule mimen 1943 auf der Festwiese in „Meistersinger" die Fürther Mädchen.*

Moskau und Bayreuth

Unerträglicher völkischer Schwulst wird über dem Hügel abgeladen. „Es geht hier um das Letzte und Höchste, was die Menschen haben", dröhnt Robert Ley, der Chef von Lafferentz und Stammgast der Kriegsfestspiele. 1941 versteigt er sich gar zu der Behauptung: „Moskau und Bayreuth, das sind die beiden Symbole" – Moskau als Ausdruck der Zerstörung und Kulturlosigkeit, Bayreuth als Ausdruck höchster Kultur. Solche Reden, die sich wie ein roter Faden durch die Kriegsjahre ziehen, sind gleichsam der ideologische Dünger der Festspiele.

Hitlers letzter Opernbesuch

Im Kriegsjahr 1940 gönnt sich auch der wagnersüchtige Adolf Hitler ganz persönlich Kraft durch Freude im Festspielhaus, ein letztes Mal in seinem Leben. Am 23. Juli 1940 kommt er nach dem Frankreich-Feldzug völlig überraschend zu den „Festspielen des Sieges", um sich eine seiner Lieblingsopern, die „Götterdämmerung" mit dem großen Weltenbrand, anzusehen. Für die Parabel seines eigenen Untergangs ist er blind...
Die Jubelszenen nehmen an diesem Sommertag beängstigende Formen an. Hitlers Auffahrtsweg wird von den Bayreuthern mit Blumen bestreut. In den Aufführungspausen skandieren Bayreuther Kinder, wie gewohnt, ihr Verslein: „Lieber Führer sei so nett, zeige Dich am Fensterbrett" oder die Variante: „Lieber Führer, Ostmarksohn, zeige Dich auf dem Balkon." Nach der Aufführung reist der Sohn Österreichs im gepanzerten Zug sofort wieder ab. In Friedenszeiten war er fast immer eine Woche und länger in seiner musischen Sommerresidenz geblieben. An diesem Juli-Tag 1940 begegnet er zum letzten Mal Winifred Wagner.
Zwar ist der Herr des Dritten Reiches in den folgenden Kriegsjahren unabkömmlich, aber er schickt auch weiterhin seine „Gäste" nach Bayreuth. Sie werden hier von Arbeitsmaiden mit leuchtend roten Kopftüchern und blauen Kleidern liebevoll umsorgt. „Speis und Trank von Mädelhand" (so das Lokalblatt) gibt es überreichlich, auch wenn ansonsten Schmalhans Küchenmeister ist. Zu den Besuchern im Sommer 1941 gehört auch Joseph Goebbels, der die „wohltuende Idylle in der kleinen Markgrafenstadt" als „Balsam auf der Seele" empfindet.

„Dieses Geschmeiß frißt und säuft..."

Je totaler der Krieg wird, desto weniger sind die Bayreuther von den Extra-Würsten für die „Gäste des Führers" begeistert. In den geheimen La-

Hitler-Jungen nehmen hier die weiblichen „Gäste des Führers" in Empfang, überwiegend Krankenschwestern und Arbeiterinnen der Rüstungsbetriebe. Im Hintergrund der Fachwerkbau des Schwanen-Gasthofs, Ecke Main-/Bahnhofstraße, der 1945 völlig zerstört wird.

geberichten des SS-Sicherheitsdienstes wird zeitweise „sehr heftiger Unwille speziell der gastgebenden Bevölkerung" vermeldet. Ein futterneidischer Volksgenosse wird mit den Worten zitiert: „Dieses Geschmeiß frißt und säuft sich hier toll und voll, während wir keinen Tropfen Wein zu trinken bekommen." Viele Zimmervermieter hätten am liebsten die Quartiere verweigert – laut SD „mit der Begründung, dass ein fünfzehnmaliges Wechseln der Bettwäsche jetzt im Krieg bei den zur Verfügung stehenden Waschmitteln untragbar sei."

HJ und BdM als Statisten

Ehrlich begeistert sind dagegen die Hitler-Jungen und BdM-Mädchen, die neben SS-Männern als Statisten in den „Meistersingern" mitwirken dürfen, als „Lausbuben" in der Prügelszene oder als „Fürther Mädchen" auf der Festwiese. „Drei Wochen herrlichstes Theater", resümiert eine 16-jährige Schülerin der Mädchenoberschule, „wir wurden zu echten Wagnerianern."
1943 sucht der 23-jährige Wagnerenkel Wolfgang quasi als Regisseur von Regisseur Heinz Tietjen die „Fürther Mädchen" aus, während Bruder Wieland höchst konventionelle Bühnenbilder entwirft – mit einer „richtig völkischen Festwiese", wie Zeitzeuge Oskar Sauer süffisant anmerkt.Des „Führers Gäste" kommen in der Kolonne zum Kunstgenuss – am besten gleich im Marschtritt. Viele sind hier kaserniert, und es geht auch sonst sehr militärisch zu: „Wo immer der Soldat sich zeigt, hat er straffste Straßendisziplin zu bewahren", heißt es im Begleitheft von KdF. Nicht nur die Aufführung, auch die Teilnahme ist strenge Dienstpflicht.

Das Hitler-Attentat

Am 18. Juli 1944 werden die letzten Kriegsfestspiele mit einem Presseempfang von Robert Ley eröffnet. Schon zwei Tage danach wird vom Grafen Stauffenberg das Attentat auf Hitler verübt.
Der frühere Stadtrat Dr. Günter Morgenstern kann sich noch gut an den 20. Juli 1944 am Festspielhügel erinnern. Als 14-jähriger Gymnasiast saß er als Statist in der ersten „Meistersinger"-Pause vor seinem Bananenersatzgetränk („wir nannten es frei nach Beckmesser Bleisaft mit Wucht"), als über den Rundfunk die Nachricht vom missglückten Attentat auf Adolf Hitler kam. „Die Leute erhoben wie auf Kommando den Arm zum Hitler-Gruß und stimmten das Horst-Wessel-Lied an", weiß Morgenstern zu berichten.

Die „Krönung der Truppenbetreuung" sollen die Kriegsfestspiele sein. Soldaten in der Bahnhofstraße auf dem Weg zum Festspielhaus.

Zwei berühmte Festspielsolisten: Maria Müller und Max Lorenz.

Der 27-jährige Wagnerenkel Wieland entwirft 1943 das biedere Bühnenbild für die „Meistersinger".

Überschwängliche Berichte und gelangweilte Soldaten

Drei Wochen später, am 9. August 1944, sind die letzten Kriegsfestspiele zu Ende, und die NS-Lokalzeitung „Bayreuther Kurier" veröffentlicht überschwängliche Augen- und Ohrenzeugenberichte von Soldaten. Sie klingen fast alle so NS-amtlich frisiert und gestelzt wie die Äußerungen eines Würzburger Obergefreiten: „Wahrhaft einzigartige Äußerung deutschen Lebenswillens Kraft und Stärke." Die meisten Rüstungsarbeiter und „Frontschweine" waren wohl froh, der freudlosen Kriegsfron für einige Tage entronnen zu sein. Ob ihnen allerdings der Sinn nach Wagneropern stand, ist eher fraglich. Ritterkreuzträger Erich Mende, zeitweise Vizekanzler unter Konrad Adenauer, erinnerte sich an die fabelhafte Verpflegung in der Pause. Nach den leiblichen Genüssen sei das Interesse an Richard Wagners schweren Kompositionen auf der Strecke geblieben: „Während die übrigen Gäste im Innern des Hauses den Meistersingern lauschten, tönte es von draußen: Es geht alles vorüber, es geht alles vorbei." Noch ärger empfand der Publizist Paul Wilhelm Wenger die Zustände: „Unter den Festspielbesuchern waren auch ausgemachte Proleten, denen Wagners Mythologie so fremd war wie die Chinesische Mauer. Sie kippten in den Pausen Bier und Korn in sich hinein, langweilten sich entsetzlich in den langen Monologen des ‚Siegfried' und einige erbrachen sich auch mit höchst unweihlichen Geräuschen im Parkett."

„Festspielvorbereitungen" 1945

Die „Meistersinger" am 9. August 1944 waren die letzte Opernaufführung im Dritten Reich. Bei der Ansprache des Hans Sachs „Zerfiel im Dunst das heilige deutsche Reich, uns blieb gleich die heilige deutsche Kunst", lief es sogar dem NS-Oberbürgermeister Dr. Fritz Kempfler kalt über den Rücken beim Gedanken an das nahe Ende des Reiches.
Ende 1944, als der Bühnenfundus bereits in einem Bergwerkstollen sichergestellt ist, erkundigt sich Adolf Hitler mit getrübtem Realitätssinn in Wahnfried nach dem Stand der Festspielvorbereitungen für das Jahr 1945. Am 17. Dezember 1944 schreibt Generalintendant Tietjen an Winifred Wagner: „Du wirst erstaunt sein, daß ich die Frage des Führers, ob im Sommer 1945 in Bayreuth gespielt werden kann, was die künstlerische und technische Durchführung anbelangt, ohne Bedenken mit ja beantworten kann. Es wären dazu nicht mehr Führerbefehle nötig als bisher."
Doch im Sommer 1945 ist Bayreuth eine traurige Ruinenstadt. Und das Festspielhaus wird ganz anders genutzt, als Hitler und Tietjen sich das je hätten vorstellen können: zur Unterhaltung amerikanischer Soldaten. Denen ist das „Glühwürmchen", der neueste Superhit von Paul Lincke, sogar noch wichtiger als Wotans Feuerzauber...

Frontsoldaten, Verwundete und Rüstungsarbeiterinnen als Festspielgäste. Links ein Angehöriger des Bayreuther 42er-Regiments.

Alliierte Bomber zerstören die große Illusion der Bayreuther

Der 5. April 1945 ist ein Donnerstag – für Bayreuther also ein „Kleeßtag“ nach alter Väter und Mütter Sitte. Doch an diesem Vormittag verderben amerikanische Bomber den heimischen Familien den Appetit auf das Stammgericht. Der zehnjährige Peter Suess aus der Gontardstraße rennt zwischen zwei Angriffswellen gerade mit der Kloßschüssel in der Hand die Treppe zum schützenden Keller hinunter, als die Druckwelle des Bombardements den Buben samt der Klöße die Treppe hinunterschleudert.

▲ Meisterschwimmerin Marianne Heller (links), auf unserem Bild mit Vereinskameradin Liesl Weber, wird am 11. April 1945 Opfer des Bombenterrors. Die städtische Angestellte aus der Markgrafenallee hat an ihrem letzten Tag eine Todesahnung: Ihren ganzen Besitz vermacht sie ihrer sechsjährigen Nichte Karin.

◀ Nur einer überlebt das Inferno. Am 11. April 1945 sucht Mutter Else Hübner mit ihren vier Kindern im vermeintlich bombensicheren Luftschutzkeller im Kaufhaus Loher Schutz. Eine Sprengbombe durchschlägt die vier Meter starke Felsendecke. Nur der achtjährige Horst (rechts) überlebt. Er wird das Geschehen nie verwinden.

Der Wilhelmsplatz nach der ersten Angriffswelle am 5. April 1945. Hier lassen sieben Feuerwehrleute beim Einsatz ihr Leben.

Nach mehr als zweitausend Kriegstagen der erste schwere Angriff: Dicke Qualmwolken schweben am 5. April 1945 über der Stadt. Im Vordergrund links die Dilchertstraße als Orientierungspunkt. Vor allem das Bahnhofsviertel ist schwer getroffen.

Bomben wie Streichhölzer

Zwischen 10.46 und 12.19 Uhr gehen an diesem Tag Hunderte von Sprengbomben und Stabbrandbomben auf das Stadtgebiet nieder. „Es sah so aus, als hätte einer Streichhölzer aus der Schachtel geschüttet", erinnert sich Oscar Maisel. Bei diesem ersten großen Luftangriff von 39 Maschinen der US 18th Air Force, der in mehreren Wellen ausgeführt wurde, sind 88 Tote, 67 Verwundete und über hundert Verschüttete zu beklagen. Vor allem der Wilhelmsplatz und das Bahnhofsviertel bieten einen trostlosen Anblick. Hier lassen sieben Feuerwehrleute, die nach der ersten Angriffswelle mit dem Löschen begonnen hatten, ihr Leben.

Es geschah am 2144. Kriegstag

An diesem 2144. Kriegstag endet jäh die große Illusion der Bayreuther, die Stadt könne von den Furien des Krieges verschont bleiben. Nach der Erinnerung des Heimatforschers Karl Meier-Gesees glaubt hier auch nach dem 24. März 1945, als Bayreuth in die Kriegszone einbezogen wurde, niemand an einen Angriff auf die Stadt. Man unterstellt den Amerikanern als Handlungsdevise sogar den Spruch: „Bayreuth werden wir schonen, da werden wir später wohnen." Manche glauben auch an den günstigen Einfluss der Familienrebellin Friedelind Wagner.

Stadt mit Symbolwert

Immerhin hat das „dicke Ende" mehr als fünfeinhalb Jahre auf sich warten lassen. Jahraus, jahrein überflogen alliierte Bomber die Stadt Richard Wagners, ohne dass etwas Dramatisches passiert, obwohl Bayreuth als Hitlers musische Sommerfrische von besonderem Symbolwert ist. Viele hundert Male scheuchte Luftalarm die Bürger in die Schutzräume. Allein im Jahr 1945 werden von einem gewissenhaften Bayreuther 141 Fliegeralarme bis zu jenem 5. April registriert, doch Stadt und Bewohner bleiben heil, sieht man einmal vom mysteriösen Angriff einer einzige Maschine im Januar 1941 ab.

Wagners Partituren in Sicherheit

„Daß ausgerechnet Bayreuth verschont werden sollte, hatte ich nie ganz geglaubt", schreibt Wolfgang Wagner in seiner „Lebensakte". Der 25-jährige Wagnerenkel sorgt 1945 rechtzeitig dafür, dass die unschätzbaren Manuskripte und Partituren des Großvaters in Sicherheit gebracht werden. Den Luftangriff verfolgt er vom damaligen Exerzierplatz aus bei einer Volkssturmübung. Beim Anblick der gefürchteten Leuchtkugeln (sog. „Christbäume") wird er von einem Volkssturmmann allen Ernstes gefragt: „Was machen die denn da?" Darauf der Wagnerenkel: „Die hau'n jetzt unser Städtla z'samm." Entrüstete Rückfrage: „Derffen die denn des? – Des gibt's doch gor net." Dieser komisch anmutende Dialog war laut Wolfgang Wagner bezeichnend für die Realitätsferne der Bevölkerungsmehrheit. Als dann am 5. April aus heiterem Himmel Bomben auf die Stadt fallen, fallen die Bayreuther aus allen Wolken.

▲ *Zerstörte Häuser in der Lisztstraße, darunter das Wohnhaus des Wagnerfreundes Hans von Wolzogen (rechts). Die Familie Wagner entging dank weiser Voraussicht einer Katastrophe: Sie hatte ein Jahr zuvor ihren Luftschutzkeller unter das benachbarte Siegfried-Wagner-Haus verlegen lassen. So blieb sie von der Sprengbombe auf Wahnfried unversehrt.*

▶ *„Es gab keinen albernen Heroismus, keine heldenhafte Verteidigung oder derart martialischen Unfug", erinnert sich Zeitzeuge Wolfgang Wagner. Nur der verbohrte Kampfkommandant August Hagl bleibt bis zuletzt in seinem Gefechtsstand in St. Johannis – ein Durchhaltefanatiker.*

Das Hotel „Reichsadler" am Bahnhofsplatz nach dem ersten Fliegerangriff am 5. April 1945. Die Bayreuther, die sich so lange in einer trügerischen Sicherheit gewiegt haben, fallen aus allen Wolken.

Schwere Verwüstungen im Bahnhofsbereich richtete der Luftangriff am 5. April 1945 an. Links der Güterbahnhof.

Bayreuths größter Industriebetrieb, die „Mechanische" neben dem Bahnhof, steht am 11. April im Brennpunkt des Infernos. Das Werksgelände der Weberei wird in eine Geisterlandschaft verwandelt. Im Hintergrund die Schweizerhäuschen der Arbeitersiedlung „Burg".

Wie von einer Riesenfaust werden am 5. April Gleise auf dem Bahnhofsgelände aus ihrer Verankerung gerissen. Im Hintergrund das Fabrikgebäude der „Mechanischen", das sechs Tage später dem dritten Bombenangriff zum Opfer fallen wird.

„Grauenvolles Erwachen"

239 Hauseigentümer sitzen an diesem Donnerstag auf ihren Trümmern. Unter ihnen ist auch die Festspielchefin Winifred Wagner.

Im Kriegstagebuch der benachbarten Hofgärtnerei ist der Schrecken im Stakkato festgehalten: *„Grauenvolles Erwachen und Entsetzen. Etwa vierzig Bomben fallen auf den südöstlichen Teil des Hofgartens... Das Gelände ist aufgerissen, Büsche und Bäume zerfetzt. Einschlag unmittelbar vor dem Eingang zum Wagnergrab, Gartenfront Wahnfrieds zerstört, Wohnhaus Hans von Wolzogens und Sterbehaus Liszts schwer getroffen. Der gesamte Park wie bei einem Wüstensturm verhüllt."* Wagners letzte Ruhestätte wurde nur um wenige Meter verfehlt.

1678 Bürger obdachlos

Der Oberbürgermeister Dr. Fritz Kempfler empfängt von Winifred Wagner die Botschaft: *„Alles gesund, das Haus arg zerstört, vordere Fassade erhalten."* Neben Hofgarten, Wilhelmsplatz und dem Bahnhofsviertel finden sich auch in der Altstadt Spuren der Zerstörung, außerdem im Kreuz, in der Herzoghöhe, im Kasernenviertel westlich des Röhrensees und in der äußeren Bismarckstraße. 1678 Bürger sind obdachlos.

Im städtischen Krankenhaus leisten Ärzte und Schwestern Übermenschliches: An zehn Operationstischen wird gleichzeitig gearbeitet. Dreitausend Bettlägerige sind auf zehn verschiedene Plätze verteilt. *„Die Dunkelheit bricht herein und deckt die Bilder des Grauens mit ihren Schatten zu"*, notiert Oberbürgermeister Dr. Kempfler am Ende dieses denkwürdigen Tages.

Der zweite große Angriff

Doch das Schlimmste ist noch nicht überstanden. Am Sonntag, 8. April, werden die letzten offiziellen Feiern in der „NS-Gauhauptstadt" abgehalten. Das Totengedenken auf den Friedhöfen tritt an die Stelle des gewohnten Sonntagsrituals in der Weihehalle des „Hauses der deutschen Erziehung". So kommt die 19-jährige Elisabeth Weigel nicht mehr dazu, jenes vorbereitete Gedicht aufzusagen, das für immer in ihrem Kopf haften bleibt: „Nun faltet gläubig eure Hände / alle in der harten Not / Lasst uns kämpfen bis zum Ende / als ein tapferes Aufgebot." Bayreuths letzter NS-Kreisleiter Hans Stricker ruft an diesem 8. April auf dem Friedhof aus: „Was haben wir den Amerikanern getan, dass sie unsere Frauen und Kinder hinmorden?"

Nach den mehrmals durch Tieffliegerangriffe unterbrochenen Trauerfeiern erfolgt der zweite große Luftangriff von 51 US-Maschinen. Von 12.06 bis 12.08 Uhr werfen sie über 500 Spreng- und Brandbomben über dem Stadtgebiet ab. Über dem Kasernenviertel an der Wördtstraße (heute Leuschnerstraße), über dem Jean-Paul-Platz und über dem Dammwäldchen steigen Rauchwolken auf. Von der „Ludwig-Siebert-Festhalle" der einstigen markgräflichen Reithalle, bleiben nur noch die Umfassungsmauern übrig.

▶ *Fünfeinhalb Jahre wiegt sich die Gauhauptstadt in trügerischer Sicherheit, dann endet am 2144. Kriegstag die große Illusion ihrer Bürger, die Stadt könne von den Furien des Krieges verschont bleiben. Diese Aufnahmen entstehen nach dem ersten Angriff am 5. Juli 1945 in der Bürgerreuther Straße, die damals noch den Namen Adolf Hitlers trägt. Bild oben zeigt Bayreuther Bürger in der von Schutt und Trümmern verunstalteten Straße. Noch steht das alte Bahnhofsgebäude von 1853 (links), das nach der Errichtung des neuen Bahnhofs als Telegrafenamt und Bahnbetriebsamt diente.*

▼ *Die Bürgerreuther Straße stadtauswärts. Im ersten Stock des Postgebäudes (links) befindet sich die Privatklinik von Dr. Albert Angerer, in der ungezählte Bayreuther Babys das Licht der Welt erblickten.*

Trümmerfrau vor der riesigen Fabrikruine der Mechanischen Baumwoll-Spinnerei und Weberei am Bahnhof. Die Reste des Gebäudes werden zwei Jahre nach der Zerstörung von der Betriebsleitung gesprengt.

Blick auf die zerstörte Innenstadt. Im Vordergrund das heil gebliebene Umfeld der Brautgasse. Der Blick geht zur Ruine des Hauses der Deutschen Erziehung und zum schwer zerstörten Luitpoldplatz. Rechts die ausgebrannte Ruine des Alten Schlosses.

Das Umfeld des Bahnhofs ist nach den drei großen Bombenangriffen im April 1945 schwer in Mitleidenschaft gezogen. Im Vordergrund rechts das Magazingebäude der „Mechanischen". Dahinter erkennt man das weitgehend unversehrt gebliebene Postamtsgebäude.

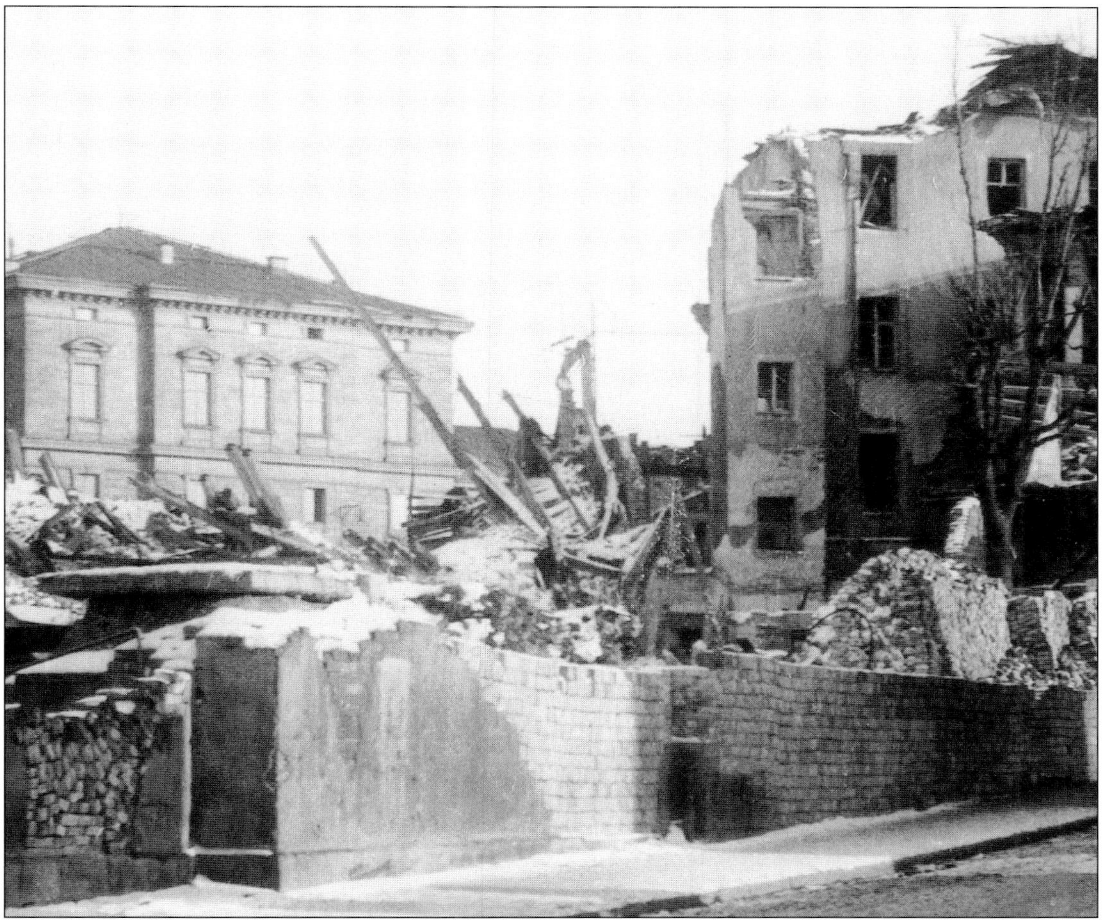

Das Bahnhofsviertel ist bei den Angriffen im April 1945 bevorzugtes Ziel der alliierten Bomberverbände. Blick von der Friedrich-von-Schiller-Straße auf das Bahnhofsgebäude.

Zerstörtes Denkmal Mutter und Kind im Haus der Deutschen Erziehung.

Bayreuth am 11. April 1945, aus einer Höhe von 14 000 Fuß aufgenommen. Das Verderben nimmt seinen Lauf. Links oben ein so genannter „Christbaum" im Bereich der Neuen Spinnerei. Oben halbrechts das Festspielhaus, unten links der Marktplatz.

Großangriff: Radio und Sirene schweigen

Der 11. April geht als einer der düstersten Tage in die Stadthistorie ein. Der Ruhestandspfarrer Theodor Drechsel aus der Roonstraße (heute Löhestraße) fasst in seinem Tagebuch die Katastrophen stenogrammartig zusammen: „Dritter Großangriff auf Bayreuth. Rathaus, Hans-Schemm-Platz (Luitpoldplatz), Haus der Erziehung, Markt. Unheimliches Krachen in unserem Haus. Das elektrische Licht geht aus. Radio und Sirene schweigen. Ein großes Paket Flugblätter fällt in unseren Garten. Beschlagnahmt. Nun können wir nicht mehr elektrisch kochen und heizen. Sind froh, dass wir etwas Holz haben. Es war den ganzen Tag von früh 5.45 Uhr Alarmzustand. Die Amerikaner kommen mit Panzerautos von Kulmbach her. Wir bleiben die Nacht über in den Kleidern, da kein Sirenensignal mehr gegeben wurde."

„Götterdämmerung"

Der Bayreuther Journalist und Zeitzeuge Werner Meyer wird dreißig Jahre später zur publizistischen Aufarbeitung dieses 11. April sowie der drei folgenden Tage über zweihundert Seiten benötigen. Sein Buch „Götterdämmerung" ist bis heute unübertroffen in seiner Gründlichkeit, aber auch in der packenden Art der Darstellung. Dennoch sind seit dem Erscheinen noch manche Einzelheiten ans Licht gekommen, die manche Schlüsselpersonen in diesen letzten Kriegstagen in einem etwas anderen Licht erscheinen lassen.

Geklärt ist dank Meyer wohl der genaue Ablauf dieses Schicksalstages, an dem britische Maschinen – 92 Halifaxes, 14 Lancaster und vier Mosquitos – 240,3 Tonnen Sprengstoff und 17,8 Tonnen Brand- und Leuchtbomben abwarfen. An diesem strahlenden Frühlingstag geht die Sonne über Bayreuth bereits am frühen Nachmittag in Rauch und Qualm unter. Um 15.07 Uhr türmt sich eine schwarze Wolke bis dreitausend Meter über der Stadt. Das Stadtbild verändert sich kurz nach 15 Uhr innerhalb weniger Minuten auf erschreckende Weise.

Die IX. US-Army vor den Toren Bayreuths, bei Wendelhöfen: Links ein deutscher Offizier, neben ihm in Stiefeln und Reithose der NS-Oberbürgermeister Dr. Fritz Kempfler, der sich schon wenige Jahre nach Kriegsende als „Retter Bayreuths" feiern ließ.

Am 14. April rollen gegen 14.45 Uhr amerikanische Sherman-Panzer in die Stadt ein. Die Bahnhofstraße gehört zu den am schwersten getroffenen Straßenzügen der Stadt. Die Besatzer regieren zunächst mit harter Hand die Trümmerstadt.

Die Mainstraße bietet einen trostlosen Anblick. Ganz rechts das Stadtbad und daneben der Risalit der markgräflichen Mainkaserne.

US-Militärs sprengen in den ersten Nachkriegstagen zur Eindämmung eines Großfeuers auf der Markt-Nordseite die Häuser Nr. 34 und 36.

Im Vordergrund das Trümmergrundstück Maxstraße 22 – direkt gegenüber dem Alten Rathaus. Im Gegensatz zur Marktplatz-Nordseite hat die Südseite die Endzeit des Dritten Reiches heil überstanden.

Die Markt-Nordseite in skelettiertem Zustand mit den Spuren des verheerenden Brandes, den SS-Leute kurz vor Torschluss gelegt haben.

Spielende Kinder am Famabrunnen inmitten des Zerstörungsszenarios am Marktplatz.

▲ *Für die US-Militärs die interessanteste Person der Stadt: die Festspielchefin und Hitler-Freundin Winifred Wagner, die nach der Bombardierung von Wahnfried in ihrem Häuschen in Oberwarmensteinach eine Zuflucht gefunden hat. Auf sie wartet ein Verfahren vor der Spruchkammer.*

▶ *Ein Foto, das durch die Weltpresse geht: US-Corporal Lester Carlson klimpert bei Kerzenlicht in der verwüsteten Halle von Wahnfried auf Richard Wagners Steinway-Flügel herum. Die meisten GI's haben freilich von der Bedeutung des Bayreuther Meisters keinen blassen Schimmer.*

„Dirigent des Todes“ schont Festspielhaus

Eine wehrlose Stadt wird das Ziel einer heillos überzogenen Vernichtungsstrategie, die das gewachsene Stadtbild für immer zerstört. Ein Angehöriger der Bomberbesatzungen schämt sich noch ein halbes Jahrhundert später für das Massensterben: Der Australier Clifford A. Pemperton, Navigator einer Maschine, kommt 1994 nach Bayreuth und bringt eine Luftaufnahme vom 11. April 1945 für das Stadtarchiv mit. Von ihm ist zu erfahren, dass der Masterbomber, der „Dirigent des Todes“, das Festspielhaus ausdrücklich von der Vernichtung ausklammerte.

Eine völlig tote Stadt

Bayreuth ist nach diesem dritten und schwersten Angriff eine „völlig tote Stadt“ (so Kempfler in seinen Erinnerungen). *„Verdunkeln brauchen wir jetzt nicht mehr, da wir kein Licht haben“*, notiert Theodor Drechsel. Das Gerüst des täglichen Lebens ist zusammengebrochen, aber bei der Sparkasse kann man am 13. April noch Geld abheben. Wilhelm Forster, zweiter Pfarrer der Stadtkirchengemeinde, berichtet in seinen persönlichen Aufzeichnungen von „grausigen Verhältnissen“ auf dem Stadtfriedhof. Die Leichenhalle ist voll gestopft mit Bombenopfern. Auf einer Wiese im unteren Teil des Friedhofs entdeckt Forster einen Bierwagen. Unter seiner Plane befinden sich 19 splitternackte Leichen, die vom Krankenhaus angefahren wurden.

Der „Nibelungekampf“ fand nicht statt

Über die letzten Tage der „Gauhauptstadt“ liegen unterschiedliche Schilderungen vor. Stimmt die Version des populären Oberbürgermeisters, so hatte der allseits verhasste Gauleiter („Sauleiter“) Fritz Wächtler zunächst einen heldenhaften „Nibelungenkampf“ geplant, bevor er schließlich unter dem Eindruck der Zerstörung feige die Flucht ergriff. Vieles spricht indes dafür, dass die Beobachtungen von Wolfgang Wagner der Wahrheit näher kommen: „Es gab keinen albernen Heroismus, keine heldenhafte Verteidigung oder derart martialischen Unfug.“

Zur Person Wächtlers merkt der Wagnerenkel an, der Gauleiter habe sich am 9. April vehement gegen eine Beschlagnahme des Festspielhauses für Wehrmachtszwecke gewehrt. Dabei muss sich der Choleriker gegenüber einem Wehrmacht-Hauptmann und einem SS-Sturmführer „ungewöhnlich defätistisch“ geäußert haben: Der Krieg sei auch durch eine Beschlagnahme des Festspielhauses nicht mehr zu gewinnen. Die vom Wagnerenkel überlieferte Reaktion der Unterhändler: „Der Kerl (Wächtler) gehört erschossen.“ Auch Wächtlers Wutanfall am Morgen des 11. April, der sich gegen das Schließen der Panzersperren im Stadtgebiet und damit gegen einen weiteren sinnlosen Widerstand richtete, zeugt von seinem Realitätssinn.

Kempfler – „Retter Bayreuths“?

Die Heldenrolle im Schlussakt des Dramas beansprucht das wendige Stadtoberhaupt Kempfler für sich selbst. Schon wenige Jahre nach Kriegsende lässt er sich als „Retter Bayreuths“ feiern, der am 14. April 1945 – unterstützt vom befreiten politischen Häftling Karl Ruth – die sanfte Übergabe der Stadt an die US-Army besorgte. Im Tagebuch des Pfarrers Theodor Drechsel heißt es unter dem Datum des 14. April: „Von 20 Uhr an still, unheimlich. Wir schlafen, vorher Cognak.“ Der Krieg ist aus.

Täglich empfängt US-Gouverneur Caroll Reilly den Ende April 1945 bestellten Oberbürgermeister Dr. Joseph Kaupper zur Lagebesprechung.

Der Informationshunger ist in den zeitungslosen Nachkriegstagen riesig, und selbst dürre Bekanntmachungen finden großes Interesse. Erst Ende 1945 wird erstmals wieder eine Bayreuther Tageszeitung, die „Fränkische Presse“, erscheinen.

Der Bahnhofsplatz im Dezember 1945. Blick vom „Bayerischen Hof“ zum Hotel Post auf der gegenüberliegenden Seite.

Die Ruinenlandschaft am Luitpoldplatz. Im Vordergrund das Neue Rathaus (Reitzenstein-Palais), das einen Volltreffer abbekommen hat. Der Gontard-Bau aus dem 18. Jahrhundert galt einmal als das schönste Haus der Stadt. Er wird nie wieder aufgebaut werden.

Blick vom Wasserturm der „Burg" auf die Ruine des neunzig Jahre alten Fabrik-Kolloseums der Mechanischen Baumwoll-Spinnerei und Weberei. Die Ruine wird im Volksmund das Heidelberger Schloss genannt. Im Hintergrund rechts das Bahnhofsgebäude.

Blick vom Bahnhofsplatz zur Innenstadt. Die US-Besatzer nehmen die Trümmerlandschaft in Augenschein.

Der Famabrunnen mit dem zerstörten Alten Schloss, das mit einem Gerüst vor dem Einsturz bewahrt werden muss. Nach Zeugenaussagen sollen Angehörige der SS beim Verbrennen von Dokumenten Feuer im Schloss gelegt und die planmäßige Brandbekämpfung verhindert haben.

Was er wohl Philosophisches gesagt hätte aus höherer Warte – der Dichter Jean Paul angesichts des Chaos in seinem vertrauten Umfeld? Vielleicht Aphorismen wie diese: „Den Mord kann man bestrafen, aber nicht den Krieg: weil man das Menschengeschlecht nicht an den Galgen hängen kann.“ Oder diesen Spruch: „Warum fürchtest du dich in der rätselhaften Welt? Ist nicht dein Schmerz auch ein Theil des Rätsels?“

Nachkriegstristesse in der Friedrichstraße Ecke Wilhelminenstraße. Rechts geht's zu den US-Dienststellen in der Wilhelminenstraße.

Die Rückseite der Villa Wahnfried mit dem schweren Bombenschaden vom ersten Luftangriff am 5. April 1945.

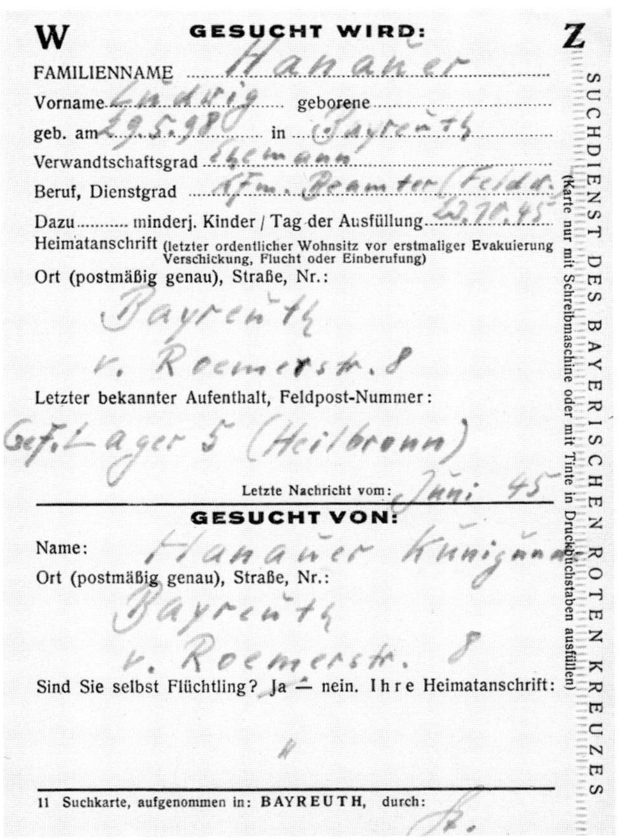

W **GESUCHT WIRD:** Z

FAMILIENNAME Hanauer
Vorname Ludwig geborene
geb. am 29.5.98 in Bayreuth
Verwandtschaftsgrad Ehemann
Beruf, Dienstgrad Kfm. Beamter (Feldw.
Dazu .... minderj. Kinder / Tag der Ausfüllung 22.10.45
Heimatanschrift (letzter ordentlicher Wohnsitz vor erstmaliger Evakuierung Verschickung, Flucht oder Einberufung)
Ort (postmäßig genau), Straße, Nr.:
Bayreuth
v. Roemerstr. 8
Letzter bekannter Aufenthalt, Feldpost-Nummer:
Gef. Lager 5 (Heilbronn)
Letzte Nachricht vom: Juni 45

GESUCHT VON:

Name: Hanauer Kunigunda
Ort (postmäßig genau), Straße, Nr.:
Bayreuth
v. Roemerstr. 8
Sind Sie selbst Flüchtling? Ja — nein. Ihre Heimatanschrift:
"

11 Suchkarte, aufgenommen in: BAYREUTH, durch:

SUCHDIENST DES BAYERISCHEN ROTEN KREUZES
(Karte nur mit Schreibmaschine oder mit Tinte in Druckbuchstaben ausfüllen)

„Gesucht wird ..." Ungezählte Bayreuther fahnden nach dem Verbleib von nahen Familienangehörigen.

Trümmerbeseitigung in der Villa Wahnfried. Unter den eingesetzten „Schippern" ist zeitweise auch Wolfgang Wagner.

Bayreuth nach dem Krieg: Ein grauer Schleier über einem freudlosen Alltag

Nach dem Einmarsch der Amerikaner am 14. April kehrt in der Trümmerstadt nunmehr ein trostloser Nachkriegsalltag ein. Zunächst dürfen die Bürger nur zweimal zwei Stunden (7 bis 9 Uhr und 16 bis 18 Uhr) auf die Straße gehen: „Wer nach 9 oder nach 18 Uhr noch auf der Straße getroffen wird, der wird in der Markthalle (Rotmainhalle) eingesperrt, bis wieder Ausgehzeit ist", notiert Pfarrer Theodor Drechsel in seinem Tagebuch.

Die Sorge um die nackte Existenz überwiegt jetzt alle anderen Bedürfnisse. Die wildesten Gerüchte schwirren durch die von allen Nachrichtenquellen abgeschnittene Stadt. An „Führers" allerletztem Geburtstag notiert Drechsel unter dem 20. April 1945: „Hitler, Göring und Goebbels sollen nach Japan geflogen sein. Hitler soll sich selbst getötet haben. Bürgermeister Kempfler soll verhaftet worden sein." Nur Letzteres ist zutreffend. Was sich im Chaos-Städtchen zu diesem Zeitpunkt noch nicht herumgesprochen hat, ist die Exekution des Bayreuther Gauleiters Fritz Wächtler durch ein SS-Kommando am 19. April im oberpfälzischen Herzogau.

▶ *Der Risalit der markgräflichen Mainkaserne unweit der heutigen Kolpingstraße ist eines der markantesten „Denkmäler" der Zerstörung. Erst Ende der vierziger Jahre wird er abgebrochen.*

Freudloser Alltag in einer Ruinenstadt: Hier die Ecke Opernstraße/Wölfelstraße im Jahr 1947.

Am Luitpoldplatz, der im April 1945 mit am schwersten in Mitleidenschaft gezogen wurde, wird Ende der vierziger Jahre mit dem Wiederaufbau begonnen. Links die Ruine der monströsen Weihehalle („Haus der Deutschen Erziehung"), die in den fünfziger Jahren saniert wird. Dagegen wird das Reitzenstein-Palais (halblinks) allen Beteuerungen zum Trotz nicht wieder aufgebaut.

Die „Stunde Null"

Der radikale Umbruch im April 1945 stürzt nicht nur braune Halbgötter vom Podest, er eröffnet zugleich auch unpolitischen Mitbürgern den Weg in Spitzenämter. Der Bayreuther Gastronom Willy Kröll vom legendären Tanzcafé „Metropol" kommt auf diese Weise sogar zum Bürgermeisteramt. In Zivil lief er in der Stunde Null der US-Army in Wendelhöfen entgegen. Diese platzierte ihn mit einer weißen Fahne auf einen Panzer und chauffierte ihn zurück in die Stadt – nach Krölls Empfinden „ein Himmelfahrtskommando." Doch kein Durchhaltefanatiker sabotierte die heikle Mission. Die US-Militärs, die im Hotel „Goldener Anker" ihr Hauptquartier einrichten, ernennen Kröll für zwei Wochen zum Bürgermeister ohne Verfügungsgewalt. Den neuen Stadtherren nützt er freilich mehr als Gastronom.

Das Steueramt geht voran

Ende April wird der Rechtsanwalt Dr. Joseph Kauper zum Stadtoberhaupt bestellt, und mit ihm beginnt der systematische Neuaufbau der zivilen Verwaltung. Zu den Behörden, die am schnellsten wieder Tritt fassen, gehört das Stadtsteueramt: Es versendet bereits am 1. Mai 1945 wieder Zahlungsaufforderungen, als das Dritte Reich noch in den letzten Zuckungen liegt. Allerdings muss auf den städtischen Formularen die Bezeichnung „Gauhauptstadt" durchgestrichen werden. Die Steuerzahler wissen somit: Das Leben geht weiter. Und im Juli 1945 halten die Bayreuther das erste Mitteilungsblatt in den Händen, mit einem Aufruf des Stadtoberhaupts und einem etwas realitätsfernen christlichen Wochenspruch: „Wandelt wie die Kinder des Lichts ..." Es sind eher gebrannte Kinder, die jetzt durch die Stadt wandeln und die erschreckende Bilder verarbeiten, die sich vor allem am Bahnhof, am Luitpoldplatz und am Markt bieten. Im Stadtzentrum ist ein Großteil der Maxstraßen-Nordseite von einem verheerenden Brand bis zur Unkenntlichkeit entstellt. Angehörige der SS legten im April 1945 beim Verbrennen von Papieren im Alten Schloss Feuer und verhinderten nach Zeugenaussagen die Brandbekämpfung – ein standesgemäßer Abgang eines Terrorregimes. Mit einer Haussprengung (Maxstraße 34) wurde das Feuer von den US-Militärs gestoppt.

Die Bahnhofstraße im Jahr 1947. Rechts das von Carl Gontard erbaute „Jägerhaus“, das im Februar 1954 abgebrochen wird.

Die Rückseite der Neuen Spinnerei (C-Bau). Das teilweise notverglaste Fabrikgebäude wird im Februar 1948 saniert.

Blick von der Alexanderstraße auf die Ruine des Neuen Rathauses (Reitzenstein-Palais) um 1948.

Links die Friedrich-von-Schiller-Straße Blickrichtung Wilhelmsplatz, wo die Feuerwehr beim Wiederaufbau hilft.

Bahnhofstraße: Ruine des Gasthauses „Zur Krone" (heute Café Oetter). Im Hintergrund rechts das spätere Landratsamt an der Tunnelstraße.

Botanische Studien auf Schuttplätzen

Viel Steine gibt's, doch wenig Brot. Ein grauer Schleier hat sich über den freudlosen Alltag gelegt. Der tägliche Existenzkampf drückt das Stimmungsbarometer nach unten. Offiziell sind im Jahr 1946 rund 1400 Arbeitskräfte im Auftrag der Stadt Bayreuth im „Katastropheneinsatz". Tatsächlich sind jedoch an den Baustellen der Stadt nur wenige Arbeiter zu bemerken. Da es auf dem regulären Markt kaum etwas Qualitätsvolles zu kaufen gibt, ist der Anreiz zum Arbeiten sehr gering. So sieht es weiterhin wüst aus im heillos überfüllten Ruinenstädtchen.

Manche Anwesen, wie das Haus Maxstraße 26, sehen noch im Spätsommer 1948 so aus wie nach einem Bombenangriff im April 1945. „Noch immer liegen die Steine dort, wohin sie rollten", moniert die Zeitung. Eifrige Bayreuther Botaniker könnten auf den Schuttplätzen im Stadtzentrum Studien über die Pflanzenflora Oberfrankens anstellen. Die Lethargie bei der Trümmerbeseitigung („Immer hübsch langsam voran", spottet das Lokalblatt) hat für die Buben der Maxstraße auch ihr Gutes. *„Für uns war der Marktplatz ein einziger Abenteuerspielplatz mit aufregenden Verstecken in der Ruinenlandschaft"*, erinnert sich Rüdiger Kranz. Vor allem die bizarre Ruine des Alten Schlosses mit ihren geheimnisvollen Nischen und Winkeln hat es den entdeckungsfreudigen „Maxstrassern" angetan. Ab Frühjahr 1947 bremst ein Schild am Geisterschloss „Vorsicht Lebensgefahr" die Abenteuerlust der Kinder. Nach Meinung der Lokalzeitung und vieler Bayreuther ist der morbide markgräfliche Monumentalbau ohnehin nur noch ein „toter Winkel" ohne Zukunft, der „im Herzen der Stadt unnütz Platz wegnimmt".

Auf der Suche nach einem „Persilschein"

Zu den Ärgernissen der ersten Nachkriegsjahre gehören der Schwarzhandel, das tägliche Schlange stehen, die riesigen Barackenlager (1946 leben 3700 Bürger in Notquartieren) und der Bürokratismus. Während in Nürnberg der Kriegsverbrecherprozess gegen die Hauptschuldigen zu Ende geht, müssen sich in Bayreuth vor der Spruchkammer die heimischen Sünder verantworten. Im Lokalblatt können die Bürger nachlesen, wie das Volksreinigungswerk der Entnazifizierung große und kleine Parteigenossen erfasst. Zumindest in der ersten Instanz sind empfindliche Strafen an der Tagesordnung, und Bayreuther Bürger mit braunen Flecken auf der politischen Weste betteln bei führenden Sozialdemokraten und Kommunisten verzweifelt um einen „Persilschein".

Das zerstörte Alte Schloss am Markt mit dem Standbild des Königs Maximilian II. in der Mitte (1947).

Gegenlichtaufnahme mit Blick auf das Alte Schloss und den Schlossturm, aufgenommen im Januar 1947.

Flüchtlingslager im Festspielrestaurant auf dem Grünen Hügel.

„Tante Hella" mit dem Nachwuchs im Kindergarten Fröbelstraße (Juni 1945).

Zwei „Holzweibla" mit dem „Maichala" auf dem Kopf beim Sammeln von Abfallholz im Park der Eremitage (um 1947).

Wegweiser der US-Militärregierung im dritten Nachkriegsjahr am Sternplatz. Im Hintergrund der „Wolffenzacher".

Sechs Läden in der Ruine des Hauses Maxstraße 16 neben dem Alten Schloss: Bäckerei Bauer, Stoffgeschäft Ella Meißner, Imbisshalle, Eis-Mayer, Fußballtoto Zimmermann und eine Leihbücherei. Inhaberin des Anwesens ist Kunigunde Eggert.

▶ *Eine Horrorvorstellung für Wagnerianer wird Wirklichkeit: Auf der Festspielbühne proben New Yorker Girls für die NS-Truppenbetreuung. Den Besatzern gelang es sogar, eine funktionierende Heizung im Wagnertheater einzubauen.*

Neben dem Haus Schmidt-Bank (Maxstraße 38) klafft eine Lücke, die von fliegenden Händlern notdürftig ausgefüllt wird.

Als zweites Kino nach dem „Bali" in der Richard-Wagner-Straße eröffnet 1948 das „Reichshof" am Markt seine Pforten.

Mit einem Gerüst wird das alte Schloss ab 1947 vor dem Einsturz bewahrt. Sein Wiederaufbau erscheint vielen Bürgern unnütz.

US-Panzer sind ein alltäglicher Anblick, wie hier auf dem Marktplatz, wo der zivile Verkehr noch merklich unterentwickelt ist.

Am Sternplatz regelt ein Militärpolizist den Verkehr. Im Hintergrund „Kaiser's Kaffeegeschäft", das Kaiserreich und Drittes Reich überstanden hat.

KAFFEE
GESCHÄFT
Hof-Eger 2
Reichsautobahn
Leipzig
Nürnberg-Amberg
Weiden
Reichsautobahn
Nürnberg
Zum Festspielhaus
TEE
KAKAO
SCHOKOLADE
GARAGEN

Es geht im Schneckentempo voran: Zwei Jahre nach Kriegsende hängt noch immer das Straßenschild an dieser Hausecke schief.

Die Subpost im alten Offizierskasino an der Wilhelminenstraße mit einem Wachmann am Eingang.

Schweine als Lichtgestalten

1946 kreisen die Gedanken vor allem um den leeren Kochtopf. Wenigstens auf dem Spielplan des Neuen Theaters wird Schweinefleisch serviert, in Gestalt des Lustspiels „Krach um Jolanthe". Und im Programmheft heißt es wehmütig: „Du Lichtgestalt aus längst entschwundenen Zeiten / Du sagenhaftes königliches Vieh / Es wird dein Bild durch alle Ewigkeiten / Im Herzen uns verlassen nie ..."

Das Geschäftsleben auf dem Marktplatz wird zunächst von fliegenden Händlern geprägt, und es wird schon als Fortschritt empfunden, als sich die ersten primitiven Lädchen in den Ruinen etablieren. Mitten auf dem Marktplatz beflügelt das im Krieg angelegte Feuerlöschbecken – inzwischen ohne Wasser – die geschäftliche Fantasie: Im Sommer 1946 richtet Gisela Wunsch hier eine Fahrradaufbewahrung ein – für die Lokalzeitung „eine kleine, große Idee".

Am besten steht es um die Kultur. Nicht nur im Festspielhaus wird in den Nachkriegsjahren fleißig gespielt („Madame Butterfly", „Fidelio" und manchmal sogar Wagner), es etabliert sich sogar ein eigenes Bayreuther Symphonieorchester unter dem renommierten Kapellmeister Erich Bohner. Selbst im Kriegsgefangenenlager in Wendelhöfen wird auf Veranlassung der amerikanischen Lagerverwaltung 1946 ein Opernkonzert gegeben.

Kampf um Dünnbier-Seidla

Ein Ärgernis ist dagegen in den ersten Nachkriegsjahren die latente Überfüllung des einzigen übrig gebliebenen Kinos, des „Bali" an der Richard-Wagner-Straße. „Wo ist der Mann, der aus dem Haus der Deutschen Erziehung ein zweites Kino macht?", heißt es in einem Leserbrief. Im Café Markgraf spielt 1946 immerhin schon eine Tanzkapelle, und beim ersten Nachkriegsvolksfest entbrennt im kleinen Biergarten hinter Tannenbäumen ein harter Kampf um ein Dünnbier-Seidla.

Bratwürste und Sardinenbrötchen gibt es in einer Zeit strenger Zwangsbewirtschaftung nur gegen Marken. Das Motto des Volksfestes „Kommen, sehen, staunen" wird dennoch von Tausenden befolgt.

Der Weg aus der Krise

Erst in der zweiten Hälfte des Jahres 1948 – mit einer neuen Währung und einem neuen Stadtoberhaupt (Hans Rollwagen) – wird in Bayreuth eine Wende zum Besseren unverkennbar, auch wenn es zur Normalisierung noch ein weiter Weg ist. Erst 1951 signalisieren die ersten Festspiele von „Neu-Bayreuth", dass die Stadt ihre Identitätskrise endgültig überwunden hat.

U. S. ARMY SPECIAL SERVICE

IN COOPERATION WITH USO-CAMP SHOWS

PRESENTS

Ten Little Indians

A Mystery Comedy

BY

AGATHA CHRISTIE

★

THE 9th. Armored Division, Special Service Office, presents the successful broadway hit, TEN LITTLE INDIANS, and is pleased and proud to offer this attraction in the World Famous

RICHARD WAGNER FESTIVAL HOUSE
Bayreuth, Germany

JUNE 10 — 11 — 12 and 13, 1945.

▲ *Das Festspielhaus wird zum Truppenbetreuungstheater für die US-Army.*

▶ *Blick vom Dachstuhl des wieder aufgebauten Hauses Maxstraße 22 auf das Stadtzentrum.*

▼ *Ecke Mainstraße/Bahnhofstraße: Wo einst der markante Fachwerkbau des Schwanen-Gasthofs stand, hat sich ein Mini-Kiosk für Tabakwaren etabliert.*

Eine pfiffige Geschäftsidee: Im Feuerlöschteich mitten auf dem Markt eröffnet die Familie Wunsch 1947 eine Fahrradaufbewahrung.

Die Friedrichstraße mit Blick zum Jean-Paul-Platz und zum alten Postgebäude. Fliegende Händler haben jetzt Konjunktur.

Eine amerikanische Panzerkolonne in der Bamberger Straße. Rechts ein Mannschaftspanzer.

Die Orangerie der Eremitage ist durchsichtig, seit US-Artillerie die Obere Grotte am letzten Kriegstag beschoss.